Soviel habe ich diesen Monat zur Verfügung:

Datum:	Ausgaben/Einnahmen:	Rest:

SOVIEL HABE ICH DIESEN MONAT ZUR VERFÜGUNG:

Datum:	Ausgaben/Einnahmen:	Rest:

SOVIEL HABE ICH DIESEN MONAT ZUR VERFÜGUNG:

Datum:	Ausgaben/Einnahmen:	Rest:

SOVIEL HABE ICH DIESEN MONAT ZUR VERFÜGUNG:

Datum:	Ausgaben/Einnahmen:	Rest:

SOVIEL HABE ICH DIESEN MONAT ZUR VERFÜGUNG:

Datum:	Ausgaben/Einnahmen:	Rest:

SOVIEL HABE ICH DIESEN MONAT ZUR VERFÜGUNG:

Datum:	Ausgaben/Einnahmen:	Rest:

SOVIEL HABE ICH DIESEN MONAT ZUR VERFÜGUNG:

Datum:	Ausgaben/Einnahmen:	Rest:

SOVIEL HABE ICH DIESEN MONAT ZUR VERFÜGUNG:

Datum:	Ausgaben/Einnahmen:	Rest:

SOVIEL HABE ICH DIESEN MONAT ZUR VERFÜGUNG:

Datum:	Ausgaben/Einnahmen:	Rest:

SOVIEL HABE ICH DIESEN MONAT ZUR VERFÜGUNG:

Datum:	Ausgaben/Einnahmen:	Rest:

SOVIEL HABE ICH DIESEN MONAT ZUR VERFÜGUNG:

Datum:	Ausgaben/Einnahmen:	Rest:

SOVIEL HABE ICH DIESEN MONAT ZUR VERFÜGUNG:

Datum:	Ausgaben/Einnahmen:	Rest:

Soviel habe ich diesen Monat zur Verfügung:

Datum:	Ausgaben/Einnahmen:	Rest:

Soviel habe ich diesen Monat zur Verfügung:

Datum:	Ausgaben/Einnahmen:	Rest:

SOVIEL HABE ICH DIESEN MONAT ZUR VERFÜGUNG:

Datum:	Ausgaben/Einnahmen:	Rest:

SOVIEL HABE ICH DIESEN MONAT ZUR VERFÜGUNG:

Datum:	Ausgaben/Einnahmen:	Rest:

SOVIEL HABE ICH DIESEN MONAT ZUR VERFÜGUNG:

Datum:	Ausgaben/Einnahmen:	Rest:

SOVIEL HABE ICH DIESEN MONAT ZUR VERFÜGUNG:

Datum:	Ausgaben/Einnahmen:	Rest:

SOVIEL HABE ICH DIESEN MONAT ZUR VERFÜGUNG:

Datum:	Ausgaben/Einnahmen:	Rest:

SOVIEL HABE ICH DIESEN MONAT ZUR VERFÜGUNG:

Datum:	Ausgaben/Einnahmen:	Rest:

SOVIEL HABE ICH DIESEN MONAT ZUR VERFÜGUNG:

Datum:	Ausgaben/Einnahmen:	Rest:

SOVIEL HABE ICH DIESEN MONAT ZUR VERFÜGUNG:

Datum:	Ausgaben/Einnahmen:	Rest:

SOVIEL HABE ICH DIESEN MONAT ZUR VERFÜGUNG:

Datum:	Ausgaben/Einnahmen:	Rest:

SOVIEL HABE ICH DIESEN MONAT ZUR VERFÜGUNG:

Datum:	Ausgaben/Einnahmen:	Rest:

Soviel habe ich diesen Monat zur Verfügung:

Datum:	Ausgaben/Einnahmen:	Rest:

SOVIEL HABE ICH DIESEN MONAT ZUR VERFÜGUNG:

Datum:	Ausgaben/Einnahmen:	Rest:

SOVIEL HABE ICH DIESEN MONAT ZUR VERFÜGUNG:

Datum:	Ausgaben/Einnahmen:	Rest:

SOVIEL HABE ICH DIESEN MONAT ZUR VERFÜGUNG:

Datum:	Ausgaben/Einnahmen:	Rest:

Soviel habe ich diesen Monat zur Verfügung:

Datum:	Ausgaben/Einnahmen:	Rest:

SOVIEL HABE ICH DIESEN MONAT ZUR VERFÜGUNG:

Datum:	Ausgaben/Einnahmen:	Rest:

SOVIEL HABE ICH DIESEN MONAT ZUR VERFÜGUNG:

Datum:	Ausgaben/Einnahmen:	Rest:

SOVIEL HABE ICH DIESEN MONAT ZUR VERFÜGUNG:

Datum:	Ausgaben/Einnahmen:	Rest:

SOVIEL HABE ICH DIESEN MONAT ZUR VERFÜGUNG: [   ]

Datum:	Ausgaben/Einnahmen:	Rest:

SOVIEL HABE ICH DIESEN MONAT ZUR VERFÜGUNG:

Datum:	Ausgaben/Einnahmen:	Rest:

SOVIEL HABE ICH DIESEN MONAT ZUR VERFÜGUNG:

Datum:	Ausgaben/Einnahmen:	Rest:

Soviel habe ich diesen Monat zur Verfügung:

Datum:	Ausgaben/Einnahmen:	Rest:

SOVIEL HABE ICH DIESEN MONAT ZUR VERFÜGUNG:

Datum:	Ausgaben/Einnahmen:	Rest:

Soviel habe ich diesen Monat zur Verfügung:

Datum:	Ausgaben/Einnahmen:	Rest:

SOVIEL HABE ICH DIESEN MONAT ZUR VERFÜGUNG:

Datum:	Ausgaben/Einnahmen:	Rest:

SOVIEL HABE ICH DIESEN MONAT ZUR VERFÜGUNG:

Datum:	Ausgaben/Einnahmen:	Rest:

SOVIEL HABE ICH DIESEN MONAT ZUR VERFÜGUNG:

Datum:	Ausgaben/Einnahmen:	Rest:

SOVIEL HABE ICH DIESEN MONAT ZUR VERFÜGUNG:

Datum:	Ausgaben/Einnahmen:	Rest:

SOVIEL HABE ICH DIESEN MONAT ZUR VERFÜGUNG:

Datum:	Ausgaben/Einnahmen:	Rest:

SOVIEL HABE ICH DIESEN MONAT ZUR VERFÜGUNG:

Datum:	Ausgaben/Einnahmen:	Rest:

SOVIEL HABE ICH DIESEN MONAT ZUR VERFÜGUNG:

Datum:	Ausgaben/Einnahmen:	Rest:

SOVIEL HABE ICH DIESEN MONAT ZUR VERFÜGUNG:

Datum:	Ausgaben/Einnahmen:	Rest:

SOVIEL HABE ICH DIESEN MONAT ZUR VERFÜGUNG:

Datum:	Ausgaben/Einnahmen:	Rest:

SOVIEL HABE ICH DIESEN MONAT ZUR VERFÜGUNG:

Datum:	Ausgaben/Einnahmen:	Rest:

Soviel habe ich diesen Monat zur Verfügung:

Datum:	Ausgaben/Einnahmen:	Rest:

SOVIEL HABE ICH DIESEN MONAT ZUR VERFÜGUNG:

Datum:	Ausgaben/Einnahmen:	Rest:

SOVIEL HABE ICH DIESEN MONAT ZUR VERFÜGUNG:

Datum:	Ausgaben/Einnahmen:	Rest:

SOVIEL HABE ICH DIESEN MONAT ZUR VERFÜGUNG:

Datum:	Ausgaben/Einnahmen:	Rest:

SOVIEL HABE ICH DIESEN MONAT ZUR VERFÜGUNG:

Datum:	Ausgaben/Einnahmen:	Rest:

SOVIEL HABE ICH DIESEN MONAT ZUR VERFÜGUNG:

Datum:	Ausgaben/Einnahmen:	Rest:

SOVIEL HABE ICH DIESEN MONAT ZUR VERFÜGUNG:

Datum:	Ausgaben/Einnahmen:	Rest:

SOVIEL HABE ICH DIESEN MONAT ZUR VERFÜGUNG:

Datum:	Ausgaben/Einnahmen:	Rest:

SOVIEL HABE ICH DIESEN MONAT ZUR VERFÜGUNG: [   ]

Datum:	Ausgaben/Einnahmen:	Rest:

SOVIEL HABE ICH DIESEN MONAT ZUR VERFÜGUNG:

Datum:	Ausgaben/Einnahmen:	Rest:

SOVIEL HABE ICH DIESEN MONAT ZUR VERFÜGUNG:

Datum:	Ausgaben/Einnahmen:	Rest:

SOVIEL HABE ICH DIESEN MONAT ZUR VERFÜGUNG:

Datum:	Ausgaben/Einnahmen:	Rest:

SOVIEL HABE ICH DIESEN MONAT ZUR VERFÜGUNG:

Datum:	Ausgaben/Einnahmen:	Rest:

SOVIEL HABE ICH DIESEN MONAT ZUR VERFÜGUNG:

Datum:	Ausgaben/Einnahmen:	Rest:

Soviel habe ich diesen Monat zur Verfügung:

Datum:	Ausgaben/Einnahmen:	Rest:

SOVIEL HABE ICH DIESEN MONAT ZUR VERFÜGUNG:

Datum:	Ausgaben/Einnahmen:	Rest:

SOVIEL HABE ICH DIESEN MONAT ZUR VERFÜGUNG:

Datum:	Ausgaben/Einnahmen:	Rest:

SOVIEL HABE ICH DIESEN MONAT ZUR VERFÜGUNG:

Datum:	Ausgaben/Einnahmen:	Rest:

SOVIEL HABE ICH DIESEN MONAT ZUR VERFÜGUNG:

Datum:	Ausgaben/Einnahmen:	Rest:

SOVIEL HABE ICH DIESEN MONAT ZUR VERFÜGUNG:

Datum:	Ausgaben/Einnahmen:	Rest:

SOVIEL HABE ICH DIESEN MONAT ZUR VERFÜGUNG:

Datum:	Ausgaben/Einnahmen:	Rest:

SOVIEL HABE ICH DIESEN MONAT ZUR VERFÜGUNG:

Datum:	Ausgaben/Einnahmen:	Rest:

Soviel habe ich diesen Monat zur Verfügung:

Datum:	Ausgaben/Einnahmen:	Rest:

SOVIEL HABE ICH DIESEN MONAT ZUR VERFÜGUNG:

Datum:	Ausgaben/Einnahmen:	Rest:

SOVIEL HABE ICH DIESEN MONAT ZUR VERFÜGUNG:

Datum:	Ausgaben/Einnahmen:	Rest:

SOVIEL HABE ICH DIESEN MONAT ZUR VERFÜGUNG:

Datum:	Ausgaben/Einnahmen:	Rest:

SOVIEL HABE ICH DIESEN MONAT ZUR VERFÜGUNG:

Datum:	Ausgaben/Einnahmen:	Rest:

Soviel habe ich diesen Monat zur Verfügung:

Datum:	Ausgaben/Einnahmen:	Rest:

Soviel habe ich diesen Monat zur Verfügung:

Datum:	Ausgaben/Einnahmen:	Rest:

Soviel habe ich diesen Monat zur Verfügung:

Datum:	Ausgaben/Einnahmen:	Rest:

Datum:	Ausgaben/Einnahmen:	Rest:

Soviel habe ich diesen Monat zur Verfügung:

Datum:	Ausgaben/Einnahmen:	Rest:

SOVIEL HABE ICH DIESEN MONAT ZUR VERFÜGUNG:

Datum:	Ausgaben/Einnahmen:	Rest:

SOVIEL HABE ICH DIESEN MONAT ZUR VERFÜGUNG:

Datum:	Ausgaben/Einnahmen:	Rest:

Soviel habe ich diesen Monat zur Verfügung:

Datum:	Ausgaben/Einnahmen:	Rest:

Soviel habe ich diesen Monat zur Verfügung:

Datum:	Ausgaben/Einnahmen:	Rest:

SOVIEL HABE ICH DIESEN MONAT ZUR VERFÜGUNG:

Datum:	Ausgaben/Einnahmen:	Rest:

Soviel habe ich diesen Monat zur Verfügung:

Datum:	Ausgaben/Einnahmen:	Rest:

Soviel habe ich diesen Monat zur Verfügung:

Datum:	Ausgaben/Einnahmen:	Rest:

SOVIEL HABE ICH DIESEN MONAT ZUR VERFÜGUNG:

Datum:	Ausgaben/Einnahmen:	Rest:

SOVIEL HABE ICH DIESEN MONAT ZUR VERFÜGUNG:

Datum:	Ausgaben/Einnahmen:	Rest:

Soviel habe ich diesen Monat zur Verfügung:

♥ Datum:	Ausgaben/Einnahmen:	Rest: ♥

SOVIEL HABE ICH DIESEN MONAT ZUR VERFÜGUNG:

Datum:	Ausgaben/Einnahmen:	Rest:

Soviel habe ich diesen Monat zur Verfügung:

Datum:	Ausgaben/Einnahmen:	Rest:

SOVIEL HABE ICH DIESEN MONAT ZUR VERFÜGUNG:

Datum:	Ausgaben/Einnahmen:	Rest:

Soviel habe ich diesen Monat zur Verfügung:

Datum:	Ausgaben/Einnahmen:	Rest:

SOVIEL HABE ICH DIESEN MONAT ZUR VERFÜGUNG:

Datum:	Ausgaben/Einnahmen:	Rest:

SOVIEL HABE ICH DIESEN MONAT ZUR VERFÜGUNG:

♥ Datum:	Ausgaben/Einnahmen:	Rest: ♥

Soviel habe ich diesen Monat zur Verfügung:

Datum:	Ausgaben/Einnahmen:	Rest:

SOVIEL HABE ICH DIESEN MONAT ZUR VERFÜGUNG:

Datum:	Ausgaben/Einnahmen:	Rest:

SOVIEL HABE ICH DIESEN MONAT ZUR VERFÜGUNG:

Datum:	Ausgaben/Einnahmen:	Rest:

SOVIEL HABE ICH DIESEN MONAT ZUR VERFÜGUNG:

Datum:	Ausgaben/Einnahmen:	Rest:

SOVIEL HABE ICH DIESEN MONAT ZUR VERFÜGUNG:

Datum:	Ausgaben/Einnahmen:	Rest:

SOVIEL HABE ICH DIESEN MONAT ZUR VERFÜGUNG:

Datum:	Ausgaben/Einnahmen:	Rest:

SOVIEL HABE ICH DIESEN MONAT ZUR VERFÜGUNG:

Datum:	Ausgaben/Einnahmen:	Rest:

Soviel habe ich diesen Monat zur Verfügung:

Datum:	Ausgaben/Einnahmen:	Rest:

Soviel habe ich diesen Monat zur Verfügung:

Datum:	Ausgaben/Einnahmen:	Rest:

SOVIEL HABE ICH DIESEN MONAT ZUR VERFÜGUNG:

Datum:	Ausgaben/Einnahmen:	Rest:

SOVIEL HABE ICH DIESEN MONAT ZUR VERFÜGUNG:

Datum:	Ausgaben/Einnahmen:	Rest:

Soviel habe ich diesen Monat zur Verfügung:

Datum:	Ausgaben/Einnahmen:	Rest:

SOVIEL HABE ICH DIESEN MONAT ZUR VERFÜGUNG:

Datum:	Ausgaben/Einnahmen:	Rest:

SOVIEL HABE ICH DIESEN MONAT ZUR VERFÜGUNG:

Datum:	Ausgaben/Einnahmen:	Rest:

SOVIEL HABE ICH DIESEN MONAT ZUR VERFÜGUNG:

Datum:	Ausgaben/Einnahmen:	Rest:

SOVIEL HABE ICH DIESEN MONAT ZUR VERFÜGUNG:

Datum:	Ausgaben/Einnahmen:	Rest:

Soviel habe ich diesen Monat zur Verfügung:

Datum:	Ausgaben/Einnahmen:	Rest:

SOVIEL HABE ICH DIESEN MONAT ZUR VERFÜGUNG:

Datum:	Ausgaben/Einnahmen:	Rest:

SOVIEL HABE ICH DIESEN MONAT ZUR VERFÜGUNG:

Datum:	Ausgaben/Einnahmen:	Rest:

SOVIEL HABE ICH DIESEN MONAT ZUR VERFÜGUNG:

Datum:	Ausgaben/Einnahmen:	Rest:

SOVIEL HABE ICH DIESEN MONAT ZUR VERFÜGUNG:

Datum:	Ausgaben/Einnahmen:	Rest:

Soviel habe ich diesen Monat zur Verfügung:

Datum:	Ausgaben/Einnahmen:	Rest:

Soviel habe ich diesen Monat zur Verfügung:

Datum:	Ausgaben/Einnahmen:	Rest:

SOVIEL HABE ICH DIESEN MONAT ZUR VERFÜGUNG: [＿＿＿＿＿]

Datum:	Ausgaben/Einnahmen:	Rest:

www.ingramcontent.com/pod-product-compliance
Lightning Source LLC
Chambersburg PA
CBHW071323220526
45468CB00001B/481